W0384289

plus ça mijote, plus ça réconforte !

Coco Jobard
Photographies de Jean-Blaise Hall

Albums
LAROUSSE

Sommaire

PLATS MIJOTÉS AU VEAU

PLATS MIJOTÉS À L'AGNEAU

PLATS MIJOTÉS À LA VOLAILLE

Le secret pour réussir cette soupe consiste à ne saler qu'aux deux tiers de la cuisson, pour éviter que la peau des haricots ne durcisse.

Soupe de haricot aux tomates

PRÉPARATION : 20 MIN

TREMPAGE : 1 H

CUISSON : ENVIRON 1H50

POUR 6 PERSONNES

> 1,5 kg de haricots
> 1 tige verte de céleri branche avec les feuilles
> 1 gros oignon sec
> 1 belle carotte
> 4 gousses d'ail
> 6 tranches de pancetta (ou de lard demi-sel)
> 2 cuill. à soupe d'huile d'olive
> 300 g de gorge de porc (ou de poitrine fraîche grasse)
> 1 cuill. à soupe de graines de fenouil
> 1 bouquet garni
> 5 belles tomates
> sel et poivre du moulin

Pour accompagner

> 2 gousses d'ail
> 12 tranches de pain de campagne rassis
> huile d'olive

Écossez les haricots. Lavez et ciselez les feuilles de la tige de céleri. Pelez et coupez en cubes l'oignon, la carotte et la tige de céleri. Pelez et hachez les gousses d'ail. Coupez la pancetta en lanières.

Chauffez l'huile à feu moyen dans un faitout et faites-y revenir 10 minutes les feuilles de céleri, les cubes d'oignon, de carotte, de céleri, l'ail, la pancetta, le porc, les graines de fenouil et le bouquet garni. Ajoutez les haricots. Versez 2,5 l d'eau froide. Portez à ébullition, puis réduisez le feu et laissez mijoter 1 heure 10.

Pelez les tomates après les avoir ébouillantées. Coupez-les en quatre et ôtez les graines. Salez la soupe de haricot et incorporez-y les morceaux de tomate. Laissez mijoter 40 minutes. Avec une écumoire, prélevez une grosse louche de haricots et de légumes que vous réserverez dans un bol. Retirez le morceau de porc et le bouquet garni du faitout.

Préchauffez le gril du four. Pelez les gousses d'ail et frottez-les sur une face des tranches de pain. Arrosez celles-ci d'huile d'olive et faites-les griller des deux côtés sur la plaque du four.

Plongez un mixeur dans le faitout et mixez. Présentez la soupe dans une soupière et ajoutez-y les haricots et les légumes. Mélangez, arrosez de quelques gouttes d'huile d'olive, poivrez et servez avec les tranches de pain chaudes.

Le bortsch est une soupe très populaire en Russie. Servez-le avec des pirojkis, petits pâtés briochés russes.

Bortsch

PRÉPARATION : 30 MIN
CUISSON : 3 H

POUR 6 À 8 PERSONNES

Pour le bouillon de cuisson

> 1 bouquet d'aneth
> 1 bouquet garni
> 1 morceau de plat de côtes avec os d'environ 500 g
> 1 gros oignon pelé piqué de 2 clous de girofle
> gros sel
> 10 grains de poivre noir

Pour le bortsch

> 1/2 chou vert frisé
> 3 carottes
> 1 gros navet
> 2 pommes de terre de taille moyenne (bintje)
> 2 betteraves rouges crues
> 240 g de tomates pelées en conserve
> 30 cl de crème fraîche épaisse
> le jus de 1/2 citron

La veille, préparez le bouillon : coupez les tiges d'aneth, réservez les feuilles. Ficelez les tiges avec le bouquet garni. Dans un faitout, recouvrez le plat de côtes de 2 l d'eau. Ajoutez l'oignon préparé et le bouquet garni. Portez à ébullition, puis écumez. Assaisonnez de sel et de poivre. Laissez mijoter 1 heure 30.

Retirez le morceau de bœuf et filtrez le bouillon. Mettez la viande et le bouillon au réfrigérateur.

Le lendemain, préparez le bortsch : effeuillez le chou. Ôtez les grosses côtes des feuilles. Lavez les feuilles, séchez-les et détaillez-les en fines lanières. Pelez les carottes, le navet, les pommes de terre, les betteraves rouges. Râpez ces légumes.

Sortez le bouillon du réfrigérateur et retirez la graisse figée en surface. Versez le bouillon dans un faitout, ajoutez-y les légumes râpés, ainsi que les lanières de chou. Portez à ébullition. Écumez puis réduisez le feu. Salez et laissez mijoter 1 heure 30. Écrasez les tomates en purée et incorporez-les dans le faitout 30 minutes avant la fin de la cuisson.

Dans un bol, mélangez la crème et le jus de citron. Ciselez les feuilles d'aneth réservées. Versez le bortsch dans une soupière et saupoudrez-le d'aneth. Servez avec le bol de crème aigre au citron.

Le pois chiche caractérise de nombreux plats orientaux. Originaire du bassin méditerranéen, il s'utilise aussi bien en garniture, en purée que, comme ici, en potage.

Soupe à l'orientale

PRÉPARATION : 15 MIN

CUISSON : ENVIRON 1 H

POUR 6 PERSONNES

- 150 g de pois chiches secs
- 1 oignon de taille moyenne
- 3 tiges vertes de céleri avec les feuilles
- 3 gousses d'ail
- 2 cuill. à soupe d'huile d'olive
- 140 g de concentré de tomate
- 500 g de collier d'agneau coupé en morceaux
- 1 cuisse de poulet fermier
- 1 dose de safran en poudre
- 1 cuill. à café rase de gingembre en poudre
- 10 grains de poivre noir
- 1 piment sec langue d'oiseau
- 1/2 bouquet de coriandre fraîche
- 1/2 bouquet de persil plat (ou frisé)
- 2 citrons
- 150 g de cheveux d'ange (ou de vermicelles)
- 20 g de beurre
- gros sel

La veille, faites tremper les pois chiches dans une grande quantité d'eau. Le lendemain, égouttez-les et rincez-les.

Pelez et émincez l'oignon, les tiges et les feuilles de céleri, les gousses d'ail. Dans une cocotte, faites revenir le tout 2 minutes dans l'huile d'olive. Incorporez le concentré de tomate et mélangez 2 minutes. Versez 1,5 l d'eau. Ajoutez les pois chiches, les morceaux de collier d'agneau, la cuisse de poulet, le safran, le gingembre, le poivre et le piment coupé en rondelles. Portez à ébullition et salez. Retirez soigneusement l'écume à l'aide d'une écumoire, puis réduisez le feu, couvrez la cocotte. Laissez mijoter 1 heure.

Prélevez les morceaux de viande avec l'écumoire. Ôtez la peau du poulet. Coupez la viande en petits morceaux. Lavez, séchez puis ciselez les feuilles de coriandre et de persil. Coupez les citrons en quatre. Incorporez les feuilles ciselées et les morceaux de viande dans la cocotte. Portez à nouveau la soupe à ébullition et jetez-y en pluie les cheveux d'ange. Mélangez et faites cuire selon le temps indiqué sur le sachet. Incorporez au fouet le morceau de beurre dans la soupe.

Versez dans une soupière et servez aussitôt avec les quartiers de citron pour assaisonner.

Pour épater vos invités, servez les légumes en dôme dans un plat à tagine.

Tagine de légumes primeurs

PRÉPARATION : 20 MIN

CUISSON : ENVIRON 50 MIN

POUR 6 PERSONNES

> 1 botte et demie de carottes fanes
> 2 bottes de navets fanes
> 800 g de petites pommes de terre nouvelles de taille identique
> 1 botte d'oignons blancs frais
> 300 g de pois gourmands
> 1 tête d'ail nouveau
> 2 cuill. à soupe d'huile d'arachide
> 1 cuill. à soupe de cumin en poudre
> 1/2 cuill. à café de gingembre en poudre
> 4 filaments de safran (ou 1/2 dose de safran en poudre)
> 1/2 bouquet de coriandre
> sel et poivre du moulin

Coupez les fanes des carottes et des navets à 2 cm de leur base. Grattez les carottes et les pommes de terre, puis rincez-les. Pelez les navets et gardez-les entiers. Ôtez la moitié des tiges vertes des oignons avant de les peler. Fendez les plus gros en deux dans le sens de la hauteur. Rincez les pois gourmands. Détachez les gousses d'ail les unes des autres et laissez-les entières.

Dans une cocotte, faites revenir à feu doux les oignons dans l'huile. Incorporez les carottes, les navets, les pommes de terre et les gousses d'ail. Saupoudrez-les du cumin, du gingembre et du safran, salez et poivrez. Ajoutez un grand verre d'eau. Couvrez la cocotte, réduisez le feu et laissez mijoter 40 minutes en remuant deux ou trois fois. Ajoutez les pois gourmands à mi-cuisson.

Lavez, séchez et ciselez les feuilles de coriandre. Disposez les légumes dans un plat. Faites réduire le jus de cuisson, nappez-en les légumes et décorez le tout de coriandre. Servez aussitôt, avec un filet de poisson grillé quelques minutes sous le gril du four par exemple.

Les restes font recette : vous pouvez utiliser les restes de porc de cette fricassée pour préparer des pommes de terre farcies ou du chou farci.

Fricassée de porc à l'ail et aux noix

PRÉPARATION : 15 MIN

CUISSON : 1H10

POUR 6 PERSONNES

- > 800 g d'échine de porc désossée, coupée en morceaux d'environ 7 cm de côté
- > 1/2 cuill. à café de piment doux en poudre
- > 6 gousses d'ail
- > 3 cuill. à soupe d'huile d'olive
- > 1 feuille de laurier, 1 tige de céleri branche, 2 brins de thym et 2 brins de persil plat ficelés ensemble
- > 15 cl de vin blanc sec
- > 20 cl de bouillon de légumes maison (ou 1 cuill. à soupe de bouillon de légumes déshydraté diluée dans 20 cl d'eau chaude)
- > 60 g de cerneaux de noix
- > 20 feuilles de persil plat
- > 1,5 kg de pommes de terre (bintje ou consommation courante)
- > 30 g de beurre
- > 4 cuill. à soupe d'huile de noix
- > 2 cuill. à soupe d'huile de pépins de raisin (ou de tournesol)
- > sel et poivre du moulin

Saupoudrez les morceaux de porc de piment en poudre, de sel fin et de poivre du moulin. Pelez les gousses d'ail, fendez-les en deux et ôtez-en le germe vert. Hachez-en 4.

Chauffez l'huile d'olive dans une cocotte à feu moyen. Mettez-y à dorer pendant 5 minutes les morceaux de porc avec le bouquet d'aromates et le hachis d'ail. Jetez la graisse de cuisson.

Versez le vin blanc dans la cocotte. Portez-le à ébullition. Versez le bouillon de légumes. Portez à nouveau à ébullition, puis réduisez le feu. Couvrez la cocotte et laissez mijoter 1 heure.

Préchauffez le gril du four. Étalez les cerneaux de noix sur la plaque du four et faites-les griller. Laissez-les refroidir. Mixez les 2 gousses d'ail restantes avec les feuilles de persil, puis ajoutez les noix et mixez grossièrement le tout.

Pelez les pommes de terre. Coupez-les en gros morceaux. Faites-les cuire de 15 à 20 minutes dans de l'eau bouillante salée. Cinq minutes avant la fin de cuisson de la fricassée, incorporez à celle-ci le hachis d'ail-persil-noix et le beurre.

Égouttez les pommes de terre. Poivrez-les et arrosez-les d'huiles de noix et de pépins de raisin. Écrasez-les grossièrement à la fourchette. Salez et servez-les aussitôt avec la fricassée de porc présentée dans un plat creux et chaud.

STAUB

Ce plat mijoté aux saveurs exotiques peut aussi se préparer avec des courgettes, non pelées et coupées en gros tronçons, ou des poivrons rouges coupés en lanières.

Colombo de porc aux aubergines

PRÉPARATION : 15 MIN

MACÉRATION : 1 H

CUISSON : ENVIRON 1 H 40

POUR 6 PERSONNES

- > 1,2 kg de porc pris dans la palette coupé en morceaux d'environ 5 cm
- > 4 cuill. à soupe de poudre à colombo
- > 1/2 tête d'ail
- > 2 oignons
- > le jus de 2 citrons verts
- > 4 cuill. à soupe d'huile d'arachide
- > 5 brins de persil plat ficelés avec 2 brins de thym et 2 feuilles de laurier
- > 75 cl de bouillon de volaille maison (ou 1 cuill. à soupe de bouillon déshydraté diluée dans 75 cl d'eau chaude)
- > 1 pomme de terre (bintje ou de consommation courante)
- > 4 aubergines longues
- > 2 cives (ou 1/2 botte de ciboulette)
- > sel et poivre du moulin

Mettez les morceaux de porc dans une jatte et frottez-les de 3 cuillerées de poudre à colombo. Pelez et émincez les gousses d'ail et les oignons. Arrosez le porc avec le jus de citron et 3 cuillerées d'huile. Ajoutez l'ail, l'oignon et le bouquet garni. Laissez macérer 1 heure à température ambiante.

Chauffez le reste d'huile dans une cocotte. Faites-y dorer 5 minutes les morceaux de porc avec les oignons et l'ail. Salez, poivrez et prolongez la cuisson 2 minutes. Saupoudrez la poudre de colombo restante et faites roussir 3 minutes. Versez le bouillon, le jus et le bouquet garni de la marinade. Pelez, rincez, séchez et coupez la pomme de terre en petits cubes. Incorporez ceux-ci dans la cocotte, couvrez. Laissez mijoter 1 heure 30.

Rincez et séchez les aubergines, ôtez leur pédoncule. Coupez-les en morceaux d'environ 3 cm. Incorporez ceux-ci à la cocotte 30 minutes avant la fin de la cuisson.

Rincez, séchez les cives. Hachez-les finement. Prélevez les morceaux de porc et d'aubergine. Disposez-les dans un plat creux et couvrez-les d'une feuille d'aluminium. Jetez le bouquet garni. Portez le jus à ébullition et faites-le réduire jusqu'à ce qu'il soit nappant.

Versez le jus bouillant sur le porc et parsemez de cives ciselées. Servez aussitôt.

Pour un plat mijoté aux couleurs du Sud-Ouest, le chorizo peut être remplacé par des cubes de jambon de Bayonne ou de la ventrèche.

Sauté de porc en piperade au chorizo

PRÉPARATION : 20 MIN

CUISSON : ENVIRON 1 H

POUR 6 PERSONNES

> 900 g d'échine de porc (ou de palette) coupée en morceaux d'environ 5 cm
> 2 oignons
> 3 gousses d'ail
> 3 poivrons verts
> 3 poivrons rouges
> 2 cuill. à soupe d'huile d'olive
> 1/4 de cuill. à café de piment d'Espelette
> 12 rondelles de chorizo de 1 cm d'épaisseur
> 800 g de tomates pelées au naturel (en conserve)
> 1 bouquet garni
> 2 morceaux de sucre
> 6 brins de persil plat
> sel

Pelez et émincez les oignons et les gousses d'ail. Lavez et séchez les poivrons. Fendez-les en quatre. Retirez-en les graines, les membranes blanches et les pédoncules, et détaillez-les en fines lanières dans le sens de la longueur.

Chauffez l'huile dans une cocotte à feu moyen. Mettez-y à dorer environ 5 minutes les morceaux de porc salés et assaisonnés du piment d'Espelette, avec les rondelles de chorizo.

Ôtez la viande de la cocotte. Faites-y revenir le hachis d'oignon et d'ail pendant 2 minutes. Ajoutez les lanières de poivron et laissez cuire 5 minutes en mélangeant souvent.

Égouttez les tomates. Versez-les dans la cocotte. Ajoutez le bouquet garni, le sucre, les morceaux de porc et les rondelles de chorizo avec le jus qu'ils ont rendu. Couvrez et laissez mijoter 45 minutes en prenant soin de remuer de temps en temps.

Lavez, séchez et effeuillez le persil. Disposez le sauté dans un plat creux, parsemez de feuilles de persil et servez aussitôt.

Le panais est un légume savoureux à la chair délicate, jaune ivoire, qui se cuisine comme les navets et les carottes.

Palette de porc rôtie aux panais

PRÉPARATION : 20 MIN

CUISSON : ENVIRON 2 H

POUR 6 PERSONNES

> 1,5 kg de palette de porc fraîche (demandez au boucher de la couper avec l'os)
> 3 carottes
> 3 oignons
> 2 grosses échalotes
> 1 clou de girofle
> 1 cuill. à soupe d'huile d'arachide
> 2 gousses d'ail
> 1 bouquet garni
> 1 brin de sauge
> 1,2 kg de panais de grosseur identique
> 40 g de beurre
> gros sel

Préchauffez le four à 210 °C (therm. 7). Pelez et coupez en deux les carottes, les oignons et les échalotes. Piquez le clou de girofle dans l'une des moitiés d'oignon. Badigeonnez la palette d'huile et parsemez-la de gros sel. Posez-la dans une cocotte avec les carottes, les oignons, les échalotes, les gousses d'ail et le bouquet garni. Glissez la cocotte dans le four. Laissez griller le dessus de la palette pendant 15 minutes, puis réduisez la température à 180 °C (therm. 6). Laissez cuire 1 heure 30.

Pendant ce temps, lavez, séchez et ciselez les feuilles de sauge. Pelez et rincez les panais. Fendez-les en deux ou en quatre selon leur grosseur. Faites-les cuire environ 20 minutes dans de l'eau bouillante salée. Avec une louche, prélevez un peu d'eau de cuisson des panais et arrosez-en la palette au four. Répétez la même opération plusieurs fois. Éteignez le four, parsemez la sauge ciselée sur la palette cuite et arrosez-la du jus de cuisson. Laissez reposer la viande pendant 15 minutes.

Coupez la palette en tranches en récupérant le jus. Posez celles-ci dans un plat de service. Versez 15 cl d'eau de cuisson des panais dans la cocotte. Ajoutez le jus écoulé de la viande, portez à ébullition 3 minutes en grattant les sucs accrochés au fond. Fouettez-y le beurre en noisette, ajoutez les panais égouttés aux aromates et à la sauce. Maintenez la cuisson 2 minutes. Ôtez le bouquet garni. Entourez les tranches de palette des panais et nappez de sauce.

La lentille corail provient du Mahgreb, du Moyen-Orient et de la Chine. Elle tient son nom de sa couleur corail.

Jambonneau laqué, lentilles corail au lait de coco

PRÉPARATION : 15 MIN

CUISSON : 4H15

POUR 6 PERSONNES

> 1 jambonneau de porc frais de 1,5 kg à commander chez le boucher
> 300 g de lentilles corail
> 2 carottes
> 2 oignons
> 1 poireau
> 1 tige verte de céleri branche
> 4 baies de genièvre
> 2 clous de girofle
> 10 grains de poivre noir
> 1 bouquet garni
> 2,5 l de bouillon de volaille
> 2 citrons verts non traités
> 5 cl de sauce soja
> 2 cuill. à soupe de miel d'acacia
> 6 brins de coriandre
> 20 cl de lait de coco
> sel

Préchauffez le four à 150 °C (therm. 5). Pelez et coupez en morceaux les carottes, les oignons, le poireau et le céleri. Mettez-les dans une cocotte avec les baies de genièvre, les clous de girofle, les grains de poivre, le bouquet garni. Enfouissez le jambonneau dans les légumes et recouvrez-le à hauteur de bouillon. Portez à ébullition à feu doux. Salez et ôtez l'écume. Couvrez la cocotte, glissez-la dans le four et faites cuire 4 heures.

En fin de cuisson, mettez le jambonneau dans un plat à gratin. Filtrez le jus de cuisson et versez-en 1 l dans une casserole, vous l'utiliserez pour les lentilles. Remettez le restant de jus à bouillir et réduisez-le des 2/3 de son volume.

Préchauffez le gril du four. Prélevez le zeste d'un citron et pressez-le. Mélangez la sauce soja avec le miel, le jus réduit du jambonneau, le zeste et le jus de citron. Badigeonnez-en le jambonneau. Faites-le laquer pendant 10 minutes environ.

Ciselez les feuilles de coriandre. Portez à ébullition le jus de cuisson et faites-y cuire les lentilles corail 4 minutes. Égouttez-les et versez-les dans une casserole avec le lait de coco. Pressez le citron restant et arrosez les lentilles. Mélangez le tout à feu doux. Parsemez le jambonneau de coriandre ciselée et servez-le accompagné des lentilles au lait de coco.

Pour cette choucroute aux fumés, utilisez une très grosse cocotte en fonte pour que choucroute et viandes cuisent en même temps.

Choucroute aux fumés

PRÉPARATION : 15 MIN

CUISSON : 3 H

POUR 6 PERSONNES

> 2 kg de choucroute crue

> 1 couenne de porc de la taille de la cocotte réservée à l'avance auprès du boucher

> 1/2 palette de porc fumée

> 1 bajoue de porc fumée (ou, à défaut, 1 jambonneau fumé)

> 1 morceau de lard fumé de 400 g avec la couenne

> 2 saucisses de Morteau

> 12 saucisses de Strasbourg

> 12 baies de genièvre

> 80 g de saindoux (ou 3 cuill. à soupe d'huile d'arachide)

> la moitié d'une bouteille de riesling (37 cl environ)

> 12 à 15 pommes de terre de taille moyenne à chair ferme (amandine par exemple)

Tapissez le fond et les bords d'une grande cocotte avec la couenne de porc, côté peau sur le dessous.

Rincez la choucroute : recouvrez-la d'eau bouillante, égouttez-la et replongez-la dans un second bain d'eau bouillante. Ôtez-la de l'eau à l'aide d'une fourchette. Mettez-en la moitié dans la cocotte. Posez dessus 6 baies de genièvre, la palette et la bajoue de porc, le morceau de lard et les saucisses de Morteau. Recouvrez avec le restant de choucroute, toujours en l'effilochant. Parsemez du restant de baies de genièvre. Répartissez dessus le saindoux en noisettes.

Versez le vin et 20 cl d'eau froide. Posez la cocotte sur feu moyen. Dès que le liquide bout, réduisez le feu, couvrez et laissez mijoter 3 heures. Pelez les pommes de terre et posez-les sur la choucroute à mi-cuisson.

À la fin de la cuisson, faites bouillir 1 l d'eau. Ôtez la casserole du feu et plongez-y quelques instants les saucisses de Strasbourg pour les chauffer, tout en couvrant la casserole.

Détaillez les fumés en tranches et les saucisses de Morteau en tronçons. Disposez les pommes de terre en couronne dans le plat. Placez la choucroute au centre. Posez les tranches de viandes fumées et les tronçons de saucisse de Morteau dessus. Égouttez les saucisses de Strasbourg et posez-les sur la choucroute. Servez aussitôt avec des moutardes variées.

Le savagnin est un vin du Jura, aux parfums de noix spécifiques de ce terroir. Il est idéal pour préparer ce plat mijoté, mais à défaut, vous pouvez prendre du vin blanc sec.

Saucisses de Morteau au savagnin

PRÉPARATION : 15 MIN

CUISSON : ENVIRON 2 H

POUR 6 PERSONNES

> 2 grosses saucisses de Morteau
> 2 gros oignons
> 1 cuill. à soupe d'huile d'arachide
> 2 gousses d'ail
> 1 kg de pommes de terre à chair ferme (roseval ou amandine)
> 2 navets
> 4 carottes de taille moyenne
> 500 g de cèpes (surgelés)
> 12 grains de poivre noir
> 1 morceau de 300 g de lard fumé
> 1 bouquet garni mélangé à 2 tiges de livèche, ou, à défaut, de céleri branche
> 30 cl de savagnin
> 50 cl de bouillon de volaille (ou 1 cuill. à soupe de bouillon de volaille déshydraté diluée dans 50 cl d'eau chaude)
> 200 g de farine
> gros sel

Pelez et émincez les oignons. Dans une très grande cocotte, faites-les revenir 2 minutes dans l'huile, puis retirez du feu.

Préchauffez le four à 150 °C (therm. 5).

Pelez et émincez les gousses d'ail. Pelez et coupez en deux les pommes de terre et les navets. Pelez les carottes et coupez-les en grosses rondelles. Ajoutez l'ail, les légumes, les cèpes et les grains de poivre dans la cocotte. Enfouissez les saucisses et le morceau de lard dans les légumes. Posez dessus le bouquet garni. Versez le vin et le bouillon de volaille. Selon la taille de la cocotte, le liquide doit arriver un peu en dessous des ingrédients afin qu'il ne déborde pas pendant la cuisson au four. Salez peu, les saucisses le sont déjà.

Dans un bol, malaxez la farine avec 10 à 15 cl d'eau pour obtenir une pâte façon pâte à modeler. Posez le couvercle sur la cocotte et soudez-en les bords en formant un boudin avec la pâte.

Glissez la cocotte dans le four et laissez cuire 2 heures.

À la sortie du four, cassez la croûte de pâte. Ôtez le bouquet garni. Retirez les saucisses et le morceau de lard et découpez-les en tranches. Remettez-les dans la cocotte et posez directement cette dernière sur la table pour servir vos invités.

Les pennes peuvent être remplacées par d'autres pâtes comme les tagliatelles, les spaghettis, les farfalles ou les fusillis ; conservez toujours la même quantité d'eau pour les faire cuire (comptez en général 1 litre pour 100 g de pâtes).

Pennes aux chipolatas et au fenouil

PRÉPARATION : 15 MIN

CUISSON : ENVIRON 1 H

POUR 6 PERSONNES

> 12 chipolatas
> 600 g de pennes
> 2 oignons de taille moyenne
> 2 gousses d'ail
> 4 cuill. à soupe d'huile d'olive
> 1 cuill. à soupe rase de graines de fenouil sèches
> 15 cl de vin blanc sec
> 800 g de tomates pelées au naturel (en conserve)
> 1 dose de safran en poudre
> 100 g de parmesan râpé
> gros sel
> sel et poivre du moulin

Ôtez la peau qui entoure les chipolatas. Coupez-les en fines rondelles. Pelez et émincez les oignons. Pelez les gousses d'ail et retirez le germe vert. Écrasez-les en purée avec un presse-ail.

Chauffez à feu moyen 1 cuillerée d'huile dans une sauteuse. Faites-y dorer les rondelles de chipolata avec les graines de fenouil pendant environ 10 minutes : celles-ci doivent être grillées. Ajoutez les oignons émincés et mélangez pendant 2 minutes. Arrosez de vin blanc puis portez à ébullition. Versez les tomates et saupoudrez le safran. Incorporez la purée d'ail, salez et poivrez. Couvrez à demi la sauteuse. Laissez mijoter 40 minutes.

Portez 6 l d'eau à ébullition. Salez-la quand elle bout avec 3 cuillerées à soupe rases de gros sel. Versez 1 cuillerée d'huile. Faites cuire les pennes selon le temps indiqué sur le paquet en les remuant au début de la cuisson.

Égouttez les pennes. Versez-les aussitôt dans une grande jatte chauffée au préalable. Poivrez et arrosez de l'huile d'olive restante. Versez la sauce aux chipolatas dessus et mélangez activement. Servez-les avec le parmesan râpé en coupelle.

L'onctuosité du jus de cuisson de ce plat mijoté est donnée par le pied de veau. Toutefois, il n'est pas indispensable d'en mettre, le jus sera simplement plus liquide.

Bœuf aux carottes, gingembre et kumquats

PRÉPARATION : 25 MIN

CUISSON : 4 H 30 ENVIRON

POUR 6 À 8 PERSONNES

> 1,6 kg de macreuse ficelée en rôti ou de basses côtes
> 1 queue de bœuf coupée en tronçons ficelés ensemble
> 1 pied de veau fendu en deux réservé à l'avance chez le boucher (facultatif)
> 1 cuill. à soupe d'huile
> 2 oignons
> 2 poireaux
> 1 bouquet garni
> 50 cl de vin blanc sec
> 2,5 kg de carottes de taille moyenne
> 5 cm de racine de gingembre
> 20 kumquats
> 12 brins de persil plat
> sel et poivre du moulin

Dans une grande cocotte sur feu doux, faites chauffer l'huile, puis faites dorer la macreuse et la queue de bœuf de tous côtés environ 20 minutes. Ajoutez le pied de veau et baissez le feu.

Pelez les oignons et coupez-les en deux. Pelez les poireaux et coupez-les jusqu'au milieu de la tige verte, avant de les ficeler. Ajoutez le tout dans la cocotte, ainsi que le bouquet garni. Salez et poivrez. Versez le vin blanc, puis de l'eau jusqu'à recouvrir de 1 cm les ingrédients. Couvrez et laissez mijoter 3 heures.

Pelez les carottes et le gingembre, puis détaillez-les en fines rondelles. Rincez les kumquats, séchez-les, puis coupez-les en rondelles en prenant soin d'ôter les gros pépins. Ajoutez les rondelles de carotte, de gingembre et de kumquat au bœuf. Couvrez et laissez mijoter encore 1 heure.

Lavez, séchez et ciselez les feuilles de persil. Retirez les viandes de la cocotte. Désossez la queue de bœuf et le pied de veau, puis coupez-les en petits morceaux. Tranchez la macreuse.

Placez les viandes dans un plat creux avec les carottes. Ôtez les oignons, les poireaux et le bouquet garni de la cocotte et portez le jus de cuisson à ébullition. Nappez-en le plat et parsemez le tout de persil finement haché. Servez aussitôt.

Voici une recette que vous pouvez aussi faire cuire au four à 150 °C (therm. 5) pendant 3 heures, en entourant la cocotte et le couvercle d'un boudin de farine malaxée avec de l'eau.

Daube de bœuf à l'orange

PRÉPARATION : 20 MIN

MARINADE : 12 H

CUISSON : ENVIRON 3H50

POUR 6 PERSONNES

> 1,5 kg de basses côtes de bœuf
> 1 bouteille de vin rouge
> 50 cl de vin blanc
> 2 carottes
> 2 échalotes
> 1 tête d'ail entière
> 1 orange non traitée
> 2 oignons pelés et piqués chacun d'un clou de girofle
> 1 bouquet garni
> 2 cuill. à soupe de vinaigre de vin
> 10 grains de poivre noir
> 60 g de cèpes secs
> 2 cuill. à soupe d'huile d'olive
> 250 g de lardons
> 1 couenne de porc
> gros sel et poivre du moulin

Pour la garniture

> 100 g de polenta précuite
> 2 cuill. à soupe d'huile d'olive
> 120 g de parmesan râpé
> sel

La veille, coupez le bœuf en cubes d'environ 4 cm. Faites-les mariner avec le vin rouge et le vin blanc. Pelez et émincez les carottes et les échalotes. Fendez la tête d'ail en deux. Zestez l'orange en ruban. Pressez-en le jus. Incorporez les carottes, les échalotes, l'ail, le jus et le zeste de l'orange, les oignons, le bouquet garni, le vinaigre, les grains de poivre. Salez au gros sel et gardez au réfrigérateur.

Le lendemain, mettez les cèpes à tremper 30 minutes dans de l'eau tiède. Égouttez les cubes de bœuf et récupérez le jus de la marinade. Dans une cocotte huilée, faites dorer 10 minutes les cubes de bœuf avec les lardons. Ôtez-les de la cocotte. Ajoutez-y les aromates de la marinade. Mélangez 5 minutes et ôtez-les.

Hors du feu, recouvrez le fond de la cocotte de la couenne de porc côté peau en dessous. Mettez les cubes de bœuf, les aromates et les cèpes égouttés. Versez le jus de la marinade. Salez, poivrez, couvrez et laissez mijoter 3 heures 30.

Portez 50 cl d'eau salée à ébullition. Ajoutez 1 cuillerée d'huile et versez la polenta. Mélangez-la 3 minutes. Versez-la sur une planche, découpez-la en triangles. Faites-les dorer dans une poêle dans l'huile restante. Saupoudrez-les de parmesan, faites-les griller au four.

Ôtez le bouquet garni et dégraissez le jus de la daube. Servez la daube dans la cocotte, accompagnée des triangles de polenta et du reste de parmesan râpé présenté en coupelle.

Le filet de bœuf, coûteux, peut être remplacé par de l'aiguillette de bœuf ou par un pavé de gigot d'agneau.

Bœuf printanière à la ficelle

PRÉPARATION : 20 MIN

CUISSON : 3H POUR LE BOUILLON + ENVIRON 25 MIN POUR LA RECETTE

POUR 6 PERSONNES

Pour le bouillon de bœuf

> 1 morceau de macreuse de 1 kg (ou de plat de côtes ou de paleron)
> 2 oignons
> 2 carottes
> 2 poireaux
> 2 clous de girofle
> 1 bouquet garni ficelé avec une branche de céleri

Pour le bœuf à la ficelle

> 6 filets de bœuf d'environ 180 g chacun parés et ficelés pour la cuisson « à la ficelle »
> 6 carottes fanes
> 6 navets fanes
> 6 poireaux primeurs
> 6 tiges jaunes de cœur de céleri branche
> fleur de sel et poivre mignonnette

Préparez le bouillon de bœuf. Pelez les oignons, les carottes et les poireaux. Piquez les oignons des clous de girofle. Coupez les poireaux en deux et ficelez-les en botte. Mettez le morceau de macreuse dans un faitout avec 3 l d'eau froide. Portez à ébullition à feu doux, écumez et incorporez les légumes et le bouquet garni. N'assaisonnez pas et laissez mijoter 3 heures. Retirez alors la viande et les légumes. Laissez refroidir le bouillon, puis filtrez-le. Conservez-le au réfrigérateur jusqu'au lendemain. Le jour du repas, ôtez la graisse figée en surface. Prélevez 1,5 l de bouillon et congelez le reste.

Préparez le bœuf à la ficelle. Grattez les carottes. Pelez les navets, les poireaux, les tiges de céleri. Détaillez les légumes en bâtonnets d'environ 6 cm de longueur. Portez le bouillon de bœuf à ébullition à feu doux. Salez, poivrez et plongez-y les bâtonnets de légumes. Dès que l'ébullition reprend, laissez mijoter de 5 à 10 minutes. Amenez de nouveau le bouillon à ébullition et plongez-y les filets de bœuf. Laissez-les cuire 6 minutes pour une cuisson saignante et 10 minutes pour une cuisson à point.

Répartissez les morceaux de viande et les légumes dans un plat chaud. Présentez le bouillon dans une soupière. Servez aussitôt, avec une coupelle de fleur de sel et du poivre mignonnette, des moutardes diverses et des tranches de pain grillé, par exemple.

Pour ce plat mijoté, les spaghettis sont servis chauds avec la sauce, tandis que le bœuf est servi froid.

Spaghettis à la glace de viande

PRÉPARATION : 20 MIN

CUISSON : ENVIRON 2H30

POUR 6 PERSONNES

> 600 g de spaghettis
> 1 kg d'oignons secs
> 4 cuill. à soupe d'huile d'olive
> 1 morceau de 1 kg de gîte paré et ficelé par le boucher
> 1 carotte
> 1 petite tige verte de céleri branche avec les feuilles
> 1 grosse tomate
> 2 brins de persil plat
> 1 pomme de terre
> 500 g de haricots verts
> 1 romaine
> 3 brins de cives (ou 1/2 bouquet de ciboulette et 1 oignon blanc frais)
> 100 g de parmesan râpé
> sel et poivre du moulin

Pour la vinaigrette

> 6 cuill. à soupe d'huile d'olive
> 2 cuill. à soupe de vinaigre de xérès
> 1 cuill. à café de vinaigre balsamique
> sel et poivre du moulin

Pelez et émincez les oignons. Chauffez l'huile à feu doux dans une cocotte. Faites-y dorer les oignons et le bœuf 40 minutes. Pelez et émincez la carotte et le céleri avec les feuilles. Ébouillantez la tomate puis retirez-en la peau et les graines.

Incorporez dans la cocotte la carotte, le céleri, la tomate et les brins de persil. Salez, poivrez. Laissez mijoter 15 minutes. Versez un peu d'eau, couvrez et laissez mijoter à nouveau 1 heure 30 en arrosant d'eau régulièrement (1 l en tout). Pelez et coupez la pomme de terre en petits morceaux. Incorporez-les à mi-cuisson.

Retirez la viande de la cocotte. Versez la sauce dans un moulin à légumes posé sur une casserole et passez le tout. Remettez la sauce ainsi obtenue à chauffer à feu doux.

Découpez le bœuf en fines tranches. Effilez les haricots verts. Plongez-les 8 minutes dans de l'eau bouillante salée. Lavez et essorez la salade. Pelez et ciselez les cives.

Préparez la sauce vinaigrette en mélangeant tous les ingrédients dans un bol. Versez la moitié de la vinaigrette et les cives dans la salade, et l'autre moitié dans les haricots verts.

Plongez les spaghettis dans 6 l d'eau bouillante salée. Lorsqu'ils sont cuits, égouttez-les. Placez-les dans une jatte et versez la sauce bouillante dessus. Servez les spaghettis et les deux salades avec les tranches de bœuf, le tout accompagné du parmesan présenté en coupelle.

Cette recette revisite la traditionnelle blanquette de veau. Accompagnez celle-ci de tagliatelles de légumes : découpez des lanières de carottes et de courgettes à l'aide d'un couteau Économe, puis faites cuire ces tagliatelles quelques minutes à l'eau ou à la vapeur.

Blanquette de veau à la citronnelle

PRÉPARATION : 25 MIN

CUISSON : ENVIRON 1H25

POUR 6 PERSONNES

> 1,5 kg de morceaux de veau dans l'épaule + un os de veau
> 1 gros oignon
> 2 carottes de taille moyenne
> 3 tiges de citronnelle fraîche (ou 2 cuill. à soupe de citronnelle déshydratée en flacon)
> 1 bouquet de coriandre fraîche
> 50 g de beurre
> 1 cuill. à café d'huile de sésame (ou, à défaut, d'huile d'arachide)
> 400 g de champignons de Paris
> 1 cuill. à soupe de fécule de pomme de terre
> 20 cl de crème fraîche épaisse
> le jus de 1/2 citron vert
> sel et poivre du moulin

Pelez et coupez en rondelles l'oignon et les carottes. Rincez et séchez la citronnelle. Détaillez les tiges en rondelles et, à l'aide d'un pilon, écrasez les bulbes. Lavez et ciselez la coriandre.

Dans une cocotte, faites fondre sur feu doux 30 g de beurre avec l'huile de sésame. Mettez les morceaux de veau, l'os, l'oignon, les carottes et la citronnelle. Salez, poivrez et mélangez. Couvrez la cocotte et laissez mijoter 15 minutes en remuant deux fois au moins. Versez de l'eau à hauteur des morceaux de veau. Portez à ébullition, retirez l'écume, puis réduisez le feu. Couvrez à demi et laissez mijoter 45 minutes.

Ôtez la base des pieds des champignons, rincez-les sous l'eau et séchez-les. Coupez-les en deux ou en quatre selon leur taille. Dans une poêle, faites-les dorer dans le reste de beurre pendant environ 10 minutes. Salez et poivrez en fin de cuisson.

Ôtez les morceaux de veau de la cocotte. Couvrez-les d'une feuille d'aluminium et jetez l'os. Filtrez le jus de cuisson, reversez-le dans la cocotte. Prélevez une louche de jus et délayez-y la fécule. Fouettez ce mélange dans le jus de cuisson, puis ajoutez la crème. Laissez réduire environ 10 minutes. Ajoutez les morceaux de veau et les champignons. Portez à ébullition et arrosez du jus de citron.

Disposez la blanquette dans un plat creux et chaud, parsemez-la de coriandre ciselée et servez avec du riz, par exemple.

Le tendron de veau est idéal pour une cuisson lente : c'est un morceau tendre et moelleux à la belle couleur d'un rose nacré.

Tendrons de veau aux agrumes

PRÉPARATION : 20 MIN

CUISSON : ENVIRON 1H25

POUR 6 PERSONNES

- > 6 tendrons de veau d'environ 250 g chacun
- > 6 échalotes
- > le cœur jaune et tendre d'un céleri branche
- > 1 citron vert non traité
- > 1 pamplemousse non traité
- > 1 orange non traitée
- > 6 blancs de poireau
- > 2 cuill. à soupe d'huile d'olive
- > 1 bouquet garni constitué de 2 brins de persil plat, 2 feuilles de laurier, 1 tige de romarin, 2 brins de thym
- > 10 cl de vin blanc
- > 30 cl de bouillon de légumes maison (ou 1 cuill. à soupe de bouillon de légumes déshydraté diluée dans 30 cl d'eau chaude)
- > 10 brins de persil plat
- > sel et poivre du moulin

Pelez et émincez les échalotes et le céleri. Prélevez les zestes du citron, du pamplemousse et de l'orange, et pressez-les pour en extraire le jus. Fendez en deux dans la longueur les blancs de poireau et lavez-les. Coupez-les en tronçons d'environ 6 cm.

Chauffez l'huile d'olive à feu moyen dans une cocotte. Faites-y dorer pendant 10 minutes les tendrons. Salez et poivrez de chaque côté. Retirez-les et posez-les dans le plat de service.

Dans la cocotte, faites revenir pendant 5 minutes, en mélangeant bien, les échalotes et le céleri émincés, les tronçons de poireau et le bouquet garni. Versez le vin blanc et le bouillon de légumes. Portez à ébullition, puis réduisez le feu. Posez les tendrons sur les légumes. Parsemez-les des zestes d'agrumes. Versez le jus rendu par les tendrons. Couvrez et laissez mijoter 1 heure.

Ôtez les tendrons et les légumes de la cocotte. Posez-les sur le plat de service et couvrez d'une feuille d'aluminium. Versez le jus des agrumes dans la cocotte, portez à ébullition et laissez réduire jusqu'à obtenir un sirop.

Nappez-en les tendrons que vous parsèmerez de persil préalablement lavé, séché puis ciselé. Accompagnez ce plat de tagliatelles ou de bâtonnets de carotte cuits à la vapeur ou à l'eau.

Le quasi de veau était jadis appelé «culotte» ou «culotte-de-veau». Pensez à le réserver très à l'avance chez votre boucher, car c'est un morceau recherché.

Quasi de veau grand-mère

PRÉPARATION : 20 MIN
CUISSON : ENVIRON 1H50

POUR 6 PERSONNES

- > 1 quasi de veau d'environ 1,2 kg paré et ficelé + les parures et 1 os de veau
- > 2 oignons de taille moyenne
- > 2 carottes de taille moyenne
- > 2 cuill. à soupe d'huile d'arachide
- > 4 gousses d'ail
- > 2 brins de thym
- > 50 g de beurre
- > fleur de sel

Pour la garniture grand-mère

- > 2 oignons de taille moyenne
- > 1 kg de pommes de terre (charlotte ou roseval)
- > 400 g de champignons de Paris de taille moyenne
- > 3 cuill. à soupe d'huile d'arachide (ou de tournesol)
- > 150 g de lardons fumés
- > fleur de sel et poivre du moulin

Pelez les oignons et les carottes, et coupez-les en deux. Chauffez l'huile à feu moyen dans une cocotte pour y faire dorer le quasi de veau assaisonné de sel pendant 10 minutes. Ajoutez les oignons, les carottes, les gousses d'ail sans les peler, le thym, les parures et l'os. Couvrez et laissez mijoter 1 heure en retournant le quasi plusieurs fois.

Préparez la garniture : pelez et émincez les oignons. Pelez les pommes de terre et coupez-les en rondelles. Plongez-les dans un bol d'eau froide, égouttez-les puis épongez-les sur du papier absorbant. Ôtez la base des pieds des champignons et rincez ceux-ci sous l'eau. Séchez-les et coupez-les en quatre.

Chauffez l'huile dans une poêle à feu vif. Faites-y dorer les lardons avec les oignons et les champignons pendant environ 10 minutes en mélangeant. Réduisez le feu et ajoutez les pommes de terre. Salez, poivrez et mélangez pendant 5 minutes. Couvrez à demi la sauteuse et laissez cuire 25 minutes en mélangeant régulièrement.

Sortez le quasi de la cocotte. Jetez les parures, l'os et le thym. Préparez la sauce : posez la cocotte sur feu vif, versez 10 cl d'eau, portez le jus à ébullition en grattant les sucs accrochés au fond. Mélangez-y au fouet le beurre en noisettes. Versez la sauce avec les aromates dans une saucière, coupez le quasi en tranches et servez en entourant de la garniture grand-mère.

Pour réussir au mieux le clafoutis, émincez très finement les courgettes, car, si les rondelles sont coupées trop épais, elles rendent de l'eau.

Rôti de veau et clafoutis de courgette

PRÉPARATION : 20 MIN

CUISSON : ENVIRON 1H45

POUR 6 PERSONNES

Pour le rôti de veau

> 1 rôti de veau d'environ 1,2 kg pris dans l'épaule + 1 os de veau
> 4 échalotes
> 2 oignons
> 6 gousses d'ail nouveau
> 1 grosse tomate
> 2 cuill. à soupe d'huile d'olive
> 1 bouquet garni
> 10 cl de marsala (ou de madère)
> 30 g de beurre
> sel et poivre du moulin

Pour le clafoutis de courgette

> 6 petites courgettes (ou 4 moyennes)
> 10 feuilles de sauge fraîche
> 30 cl de lait entier
> 15 cl de crème fraîche liquide
> 3 œufs
> 80 g de parmesan râpé
> noix de muscade
> 1 cuill. à soupe d'huile d'olive
> sel et poivre du moulin

Pelez les échalotes et les oignons, et coupez ceux-ci en deux. Gardez les échalotes entières et les gousses d'ail en chemise. Fendez la tomate en deux.

Dans une cocotte, chauffez 2 cuillerées à soupe d'huile à feu moyen. Dorez le rôti et l'os de veau environ 10 minutes. Salez, poivrez, ajoutez les échalotes, les oignons, l'ail, la tomate et le bouquet garni. Baissez le feu et laissez mijoter 1 heure.

Préchauffez le four à 180 °C (therm. 6). Préparez le clafoutis. Lavez et séchez les courgettes. Ôtez les extrémités et coupez-les en très fines rondelles sans les peler. Lavez et séchez les feuilles de sauge, puis ciselez-les. Dans une jatte, fouettez le lait, la crème, les œufs, le parmesan et la sauge ciselée. Assaisonnez d'un peu de noix de muscade râpée, salez et poivrez.

Huilez un plat à gratin. Répartissez-y les courgettes en les posant verticalement côte à côte. Versez la crème au parmesan dessus. Glissez dans le four et laissez cuire environ 35 minutes.

Ôtez le rôti de la cocotte, jetez l'os et le bouquet garni. Remettez la cocotte à feu vif et versez-y le marsala. Portez à ébullition, ajoutez 10 cl d'eau et grattez les sucs accrochés au fond. Portez à nouveau à ébullition 2 minutes. Ajoutez-y au fouet le beurre en noisettes.

Découpez le rôti en tranches. Nappez-les de jus et des aromates. Accompagnez du clafoutis bien chaud.

Ce plat mijoté doit se préparer la veille afin qu'il prenne en gelée naturellement sans adjonction de gélatine.

Agneau en gelée au citron confit

PRÉPARATION : 15 MIN

RÉFRIGÉRATION : 12 H

CUISSON : ENVIRON 1H15

POUR 6 PERSONNES

> 600 g d'épaule d'agneau non désossée, coupée en morceaux d'environ 60 g chacun
> 6 morceaux de collier d'agneau d'environ 60 g chacun
> 2 gros oignons secs
> 10 cl d'huile d'olive
> 1 dose de safran en poudre
> 1 cuill. à café de gingembre en poudre
> 2 citrons confits (en bocal au rayon exotique, ou au détail dans les épiceries spécialisées)
> 20 olives violettes (ou, à défaut, noires)
> 1 bouquet de coriandre
> sel et poivre du moulin

La veille, pelez et râpez les oignons. Faites chauffer 3 cl d'huile à feu moyen dans une cocotte. Faites-y dorer 5 minutes les morceaux de viande. Incorporez les oignons, mélangez 5 minutes. Parsemez de safran et de gingembre. Salez, poivrez, versez un grand verre d'eau et portez à ébullition, puis réduisez le feu. Couvrez et laissez mijoter 1 heure.

Coupez les citrons confits en quatre. Grattez la pulpe amère pour ne conserver que l'écorce, que vous détaillerez en petits cubes. Dénoyautez les olives. Rincez, séchez et ciselez la coriandre. Incorporez le citron confit et la coriandre dans la cocotte 10 minutes avant la fin de la cuisson.

Prélevez les morceaux d'agneau, laissez-les tiédir et coupez-les en petits morceaux en supprimant tous les os.

Remettez la cocotte sur feu vif pour obtenir un jus légèrement sirupeux. Ôtez-la du feu, incorporez-y les morceaux de viande avec les olives dénoyautées. Mélangez et versez le tout dans un saladier. Laissez refroidir et mettez le saladier au réfrigérateur.

Le jour du repas, servez l'agneau froid dans le saladier, accompagné d'une salade ou de courgettes farcies aux herbes.

Si vous utilisez des pommes de terre nouvelles, vous n'avez pas besoin de les éplucher : leur peau est très fine. Grattez celle-ci légèrement, avec la pointe d'un couteau.

Parmentière de côtes d'agneau au thym

PRÉPARATION : 20 MIN
CUISSON : ENVIRON 1 H

POUR 6 PERSONNES

> 6 côtes d'agneau découvertes
> 1,8 kg de pommes de terre nouvelles
> 2 gros oignons
> 3 gousses d'ail
> 2 cuill. à soupe d'huile d'olive
> 6 brins de thym
> 50 cl de bouillon de volaille maison (ou 1 cuill. à soupe de bouillon de volaille déshydraté diluée dans 50 cl d'eau chaude)
> 30 g de beurre
> sel et poivre du moulin

Préchauffez le four à 190 °C (therm. 6-7). Pelez et émincez les oignons. Pelez et pressez l'ail en purée à l'aide d'un presse-ail.

Salez et poivrez les côtes d'agneau. Dans une poêle, saisissez-les dans l'huile à feu vif 1 minute de chaque côté, avec les brins de thym. Retirez la viande de la poêle et ajoutez-y les oignons et la purée d'ail. Mélangez pendant 3 minutes, puis ôtez-les.

Dans une casserole, portez le bouillon de volaille à ébullition. Versez-en une louche dans la poêle de cuisson en grattant les sucs accrochés au fond et reversez-la dans le bouillon.

Pelez, lavez, séchez et émincez les pommes de terre en très fines rondelles. Répartissez les oignons, l'ail, les brins de thym dans le fond d'une cocotte. Recouvrez de la moitié des pommes de terre. Salez et poivrez. Posez les côtes d'agneau, recouvrez du restant de pommes de terre. Arrosez avec le bouillon : le liquide doit arriver à environ 1 cm en dessous des pommes de terre. Répartissez sur le dessus le beurre en noisettes.

Glissez la cocotte dans le four sans la couvrir et laissez cuire 50 minutes : le dessus des pommes de terre doit être croustillant. S'il ne l'est pas, chauffez le gril du four et laissez dorer quelques minutes. Servez aussitôt directement dans la cocotte.

Si vous n'aimez pas trop les coings, remplacez-les par des poires fermes un peu dures que vous ajouterez dans la cocotte à mi-cuisson de l'agneau.

Agneau confit aux coings

PRÉPARATION : 15 MIN

CUISSON : ENVIRON 1H30

POUR 6 PERSONNES

> 1 épaule d'agneau non désossée d'environ 1,2 kg coupée en morceaux d'environ 60 g
> 3 coings
> 6 cuill. à soupe d'huile d'olive
> 3 gros oignons
> 1 bâton de cannelle
> 3 cm de racine de gingembre
> 1 dose de safran en poudre
> 2 enveloppes de macis (ou 1/4 de cuill. à café de noix de muscade en poudre)
> 2 cuill. à café de cannelle en poudre
> 6 cuill. à soupe de miel d'acacia
> 5 brins de coriandre
> 30 g de beurre
> sel et poivre du moulin

Fendez les coings en 6 morceaux, pelez-les, puis mettez-les à cuire 10 minutes dans de l'eau bouillante. Faites chauffer 2 cuillerées d'huile dans une cocotte à feu vif. Mettez-y à dorer pendant environ 10 minutes les morceaux d'agneau assaisonnés de sel et de poivre. Égouttez les coings en récupérant l'eau de cuisson dont vous verserez 30 cl sur l'agneau.

Pelez les oignons. Râpez-les grossièrement et ajoutez-les dans la cocotte avec le bâton de cannelle, le gingembre pelé et coupé en rondelles, le safran, le macis et le restant d'huile. Mélangez en grattant les sucs caramélisés. Posez les quartiers de coing. Couvrez à demi la cocotte et laissez mijoter 1 heure.

En fin de cuisson, retirez les coings de la cocotte. Déposez-les sur du papier absorbant. Retirez les morceaux d'agneau et posez-les dans un plat creux et chaud. Dans un bol, mélangez la cannelle en poudre et le miel. Versez la moitié du mélange dans la cocotte et portez à ébullition. Laissez réduire jusqu'à obtenir un sirop. Lavez et ciselez la coriandre.

Chauffez le beurre à feu vif dans une poêle et faites-y caraméliser les coings des 2 côtés en versant le restant de miel à la cannelle. Réchauffez les morceaux d'agneau dans le jus sirupeux.

Posez l'agneau dans un plat de service et entourez-le des coings caramélisés. Parsemez de feuilles de coriandre ciselées.

Cette recette se décline à l'orientale, en ajoutant dans le bouillon de légumes 2 bâtons de cannelle, 1 étoile de badiane et 1 cuillerée à soupe de cumin.

Gigot de 5 heures

PRÉPARATION : 30 MIN

CUISSON : 1 H 30 POUR LE BOUILLON + 5 H 15 POUR LE GIGOT

POUR 6 À 8 PERSONNES

Pour le bouillon de légumes

> 3 carottes de taille moyenne
> 2 poireaux
> 1/2 fenouil
> 2 tiges vertes de céleri
> 2 grosses échalotes
> 1 bouquet garni
> 10 grains d'un mélange de 5 poivres
> 5 graines de coriandre
> 30 cl de vin blanc sec

Pour le gigot

> 1 gigot d'agneau d'environ 2,5 kg, l'os du bas retiré puis le gigot reconstitué et ficelé par le boucher + 1 kg d'os d'agneau coupés en morceaux
> 1 tête d'ail
> 500 g de tomates
> 2 cuill. à soupe d'huile de tournesol
> 200 g de farine
> gros sel et poivre du moulin

La veille, préparez le bouillon. Pelez et émincez les carottes, les poireaux, le fenouil, le céleri et les échalotes. Placez-les dans un faitout avec le bouquet garni, le poivre et la coriandre. Versez le vin blanc et 3 l d'eau. Portez à ébullition, écumez et laissez mijoter 1 heure 30. Gardez au réfrigérateur jusqu'au lendemain.

Préchauffez le four à 120 °C (therm. 4). Séparez les gousses d'ail. Gardez-les entières. Rincez et coupez les tomates en quartiers. Salez et poivrez le gigot. Dans une cocotte, dorez-le à feu vif dans l'huile, puis retirez-le et enveloppez-le dans une étamine. Remettez la cocotte sur le feu avec les os. Faites-les revenir 5 minutes. En dehors du feu, ajoutez les tomates et l'ail. Posez le gigot emmailloté, versez 2 l de bouillon de légumes filtré.

Malaxez dans un bol la farine avec 10 à 15 cl d'eau pour obtenir une pâte façon pâte à modeler. Posez le couvercle sur la cocotte et soudez les 2 bords de la cocotte à l'aide de la pâte.

Glissez la cocotte dans le four et laissez cuire 5 heures. À la sortie du four, cassez la croûte. Ôtez le gigot de la cocotte et posez celle-ci sur feu vif. Faites réduire le bouillon pour obtenir environ 30 cl de jus et filtrez-le. Récupérez les gousses d'ail.

Démaillotez le gigot sur un plat et servez-le à la cuillère, avec le jus et les gousses d'ail. Vous pouvez l'accompagner de courgettes farcies ou de polenta au parmesan.

Le pecorino est un fromage italien de brebis, que vous trouverez facilement chez le fromager. Le plus connu est le pecorino romano, mais on trouve aussi le pecorino siciliano et le sardo, plus gras.

Ragoût vert d'agneau au pecorino

PRÉPARATION : 30 MIN

CUISSON : ENVIRON 1 H

POUR 6 PERSONNES

> 1,2 kg d'épaule d'agneau désossée coupée en cubes d'environ 5 à 6 cm
> 12 oignons blancs frais
> 6 lamelles de pancetta (ou de lard demi-sel ou fumé)
> 6 belles pommes de terre nouvelles de taille identique
> 800 g de fèves en cosses
> 500 g de petits pois en cosses
> 200 g de haricots verts
> 200 g de pois gourmands
> 3 gousses d'ail nouveau
> 2 cuill. à soupe d'huile d'olive
> 25 cl de vin blanc sec
> 25 cl de bouillon de volaille maison (ou 1/2 cuill. à café de bouillon déshydraté diluée dans 25 cl d'eau chaude)
> 150 g de pecorino
> 12 tiges de cerfeuil
> sel et poivre du moulin

Pelez les oignons et coupez la moitié des tiges vertes. Hachez la pancetta en petits morceaux. Grattez et rincez les pommes de terre. Écossez les fèves et les petits pois. Coupez les extrémités des haricots verts, puis détaillez-les en deux. Lavez et séchez les pois gourmands. Plongez les fèves 2 minutes dans de l'eau bouillante salée, égouttez-les, rincez-les et retirez la deuxième peau. Pelez et hachez les gousses d'ail.

Dans une cocotte, faites revenir à feu vif les oignons entiers dans l'huile d'olive pendant 3 minutes. Ajoutez-y la pancetta, puis les cubes d'agneau salés et poivrés. Faites dorer 5 minutes en mélangeant. Incorporez l'ail, puis versez le vin blanc. Portez à ébullition 2 minutes. Ajoutez le bouillon et portez de nouveau à ébullition, puis réduisez le feu. Incorporez les pommes de terre entières et laissez mijoter 45 minutes. Dix minutes avant la fin de la cuisson, ajoutez les fèves, les petits pois, les haricots verts et les pois gourmands.

Coupez le morceau de pecorino en petits cubes. Lavez, effeuillez et séchez le cerfeuil. Parsemez les cubes de pecorino sur le ragoût, mélangez et prolongez la cuisson 5 minutes.

Disposez le ragoût dans un plat de service creux, parsemez des pluches de cerfeuil et servez aussitôt.

La poule au pot est plat mijoté classique. Elle est ici apprêtée avec du curcuma, une épice principalement utilisée en Asie du Sud-Est et en Inde.

Poule au pot en soupière au curcuma

PRÉPARATION : 30 MIN

CUISSON : 3H40

POUR 6 PERSONNES

- > 1 poule fermière d'environ 2 kg, vidée et bridée
- > 1 citron et demi
- > 1 cuill. à soupe de curcuma en poudre
- > 2,5 l de bouillon de volaille maison (ou 3 cuill. à soupe de bouillon de volaille déshydraté diluées dans 2,5 l d'eau chaude)
- > 1 bouquet garni
- > 8 carottes de taille moyenne
- > 8 blancs de poireau
- > 8 navets de taille moyenne
- > 1 boule de céleri-rave
- > 60 g de raisins secs de Corinthe
- > 3 échalotes
- > 20 g de beurre pour le riz + 20 g pour la sauce
- > 350 g de riz long non traité
- > 1 cuill. à soupe de farine
- > 20 cl de crème fraîche épaisse
- > noix de muscade
- > sel et poivre du moulin

Frottez la poule avec 1/2 citron et le curcuma. Portez à ébullition le bouillon et plongez-y la poule avec le bouquet garni. Salez et laissez mijoter 3 heures. Pelez les carottes, les blancs de poireau, les navets et le céleri-rave. Coupez les blancs de poireau en deux dans le sens de la longueur. Ficelez-les en botte. Coupez le céleri-rave en huit quartiers. Arrosez-les avec le jus de 1/2 citron. Ajoutez les légumes dans le bouillon à mi-cuisson de la poule.

Lavez les raisins secs. Pelez et émincez les échalotes. Dans une cocotte, faites revenir les échalotes 2 minutes dans le beurre. Mesurez le volume du riz et prélevez 2 volumes équivalents de bouillon de cuisson de la poule (soit environ 35 cl de bouillon). Versez le riz en pluie dans la cocotte, mélangez 3 minutes ; versez le bouillon très chaud et les raisins secs. Couvrez et laissez cuire 20 minutes.

Préparez la sauce : mélangez du bout des doigts le beurre avec la farine. Prélevez à nouveau 35 cl de bouillon de cuisson de la poule, que vous porterez à ébullition. Mélangez-en une louche avec la préparation beurre-farine. Dès que le mélange est bien lisse, versez-le dans le reste du bouillon très chaud. Fouettez vivement et laissez cuire 5 minutes en mélangeant. Ajoutez la crème et laissez mijoter 10 minutes. Assaisonnez de noix de muscade, poivrez et arrosez du jus du 1/2 citron restant.

Égouttez la poule, découpez-la en morceaux. Dans la soupière de service, entourez les morceaux de poule des légumes égouttés. Servez le riz aux raisins et la sauce à part.

Les fruits de la Passion, appelés aussi «grenadille» ou «passiflore», sont des fruits exotiques acidulés et très parfumés. Ils apportent une délicieuse touche sucrée à ce plat mijoté

Cuisses de canard aux ananas et fruits de la Passion

PRÉPARATION : 15 MIN

CUISSON : ENVIRON 50 MIN

POUR 6 PERSONNES

> 6 cuisses de canard d'environ 180 g chacune
> 1/2 ananas mûr (ou un petit ananas victoria)
> 3 fruits de la Passion
> 30 g de graisse de canard (vendue en bocal, ou, à défaut 2 cuill. à soupe d'huile d'arachide)
> 1 cuill. à soupe de poivre du Sichuan (ou, à défaut, de baies roses)
> 10 cl de porto
> 25 cl de bouillon de volaille maison (ou 1 cuill. à soupe de bouillon de volaille déshydraté diluée dans 25 cl d'eau chaude)
> 1 bouquet garni
> 350 g d'un mélange de 3 riz (riz sauvage, riz rouge et riz blanc, que vous trouverez en sachet en grande surface ou en magasin bio)
> 20 g de beurre
> sel

Faites chauffer la graisse de canard dans une cocotte à feu moyen. Mettez-y à dorer côté peau les cuisses de canard salées pendant 4 ou 5 minutes. Parsemez-les de poivre du Sichuan. Retournez-les. Faites-les cuire 2 minutes côté chair. Arrosez de porto, portez à ébullition, puis ajoutez le bouillon de volaille et le bouquet garni. Portez à nouveau à ébullition, puis réduisez le feu. Couvrez la cocotte et laissez mijoter environ 35 minutes.

Pelez le demi-ananas et prenez soin de retirer les « yeux ». Fendez-le en quatre dans le sens de la hauteur en ôtant le cœur dur. Coupez des tranches d'environ 1 cm d'épaisseur et récupérez le jus qui s'écoule. Coupez les fruits de la Passion en deux ; prélevez leur pulpe et leur jus et mettez-les dans une jatte.

Faites cuire le riz à l'eau bouillante salée.

Retirez les cuisses de canard de la cocotte et placez-les dans un plat de service creux et chaud. Couvrez-les d'une feuille de papier d'aluminium. Versez le jus de l'ananas dans la cocotte et faites réduire le jus de cuisson de la moitié de son volume à feu vif. Ajoutez les tranches d'ananas. Portez à nouveau à ébullition. Déposez les tranches d'ananas autour des cuisses de canard, nappez avec la sauce, répartissez la pulpe et le jus des fruits de la Passion sur l'ananas et servez avec le riz beurré.

Vous pouvez aussi préparer cette recette avec une autre volaille – oie, pintade –, ou des côtes de porc dans l'échine ou le filet.

Canard rôti au chou rouge à la cannelle

PRÉPARATION : 25 MIN
CUISSON : ENVIRON 3 H

POUR 6 PERSONNES

> 1 canard d'environ 2,2 kg vidé et bridé
> 1 chou rouge de 1,5 kg ferme et brillant
> 3 cuill. à soupe d'huile d'arachide
> 2 oignons
> 3 échalotes
> 2 gousses d'ail
> 1 bâton de cannelle
> 2 cuill. à soupe de vinaigre de vin
> 20 cl de vin rouge (du côtes-du-rhône par exemple)
> 2 pommes granny smith
> 1 orange non traitée
> 30 g de beurre
> gros sel et poivre du moulin

Préchauffez le four à 150 °C (therm. 5). Ôtez les 2 premières feuilles du chou, fendez-le en quatre, puis coupez-le en fines lanières. Chauffez 2 cuillerées d'huile dans une cocotte à feu moyen. Mettez-y à revenir 5 minutes les oignons, les échalotes et les gousses d'ail pelés et émincés avec le bâton de cannelle. Incorporez le chou et mélangez 2 minutes. Versez le vinaigre, le vin rouge et 10 cl d'eau. Portez à ébullition, salez et poivrez. Couvrez la cocotte et glissez-la dans le four. Laissez mijoter 2 heures. Pelez et râpez les pommes. Lavez et séchez l'orange. Zestez-la et pressez le jus. Ajoutez les pommes, les zestes et le jus d'orange 30 minutes avant la fin de la cuisson du chou.

Quand le chou est cuit, préparez le canard. Versez le chou dans une jatte et réservez. Augmentez la température du four à 210 °C (therm. 7) et lavez la cocotte. Chauffez 1 cuillerée d'huile dans la cocotte et faites-y dorer de tous côtés le canard salé et poivré pendant 10 minutes. Glissez la cocotte dans le four sans la couvrir et laissez cuire 1 heure en retournant le canard à mi-cuisson.

Ôtez le canard de la cocotte. Détachez les filets et coupez-les en trois. Réservez au chaud. Détachez les cuisses, coupez-les en deux et remettez-les à cuire 10 minutes dans la cocotte. Faites-y réchauffer le chou à feu doux. Disposez le chou puis les morceaux de canard dans un plat de service. Versez 10 cl d'eau dans la cocotte et, à feu moyen, grattez les sucs de cuisson. Incorporez au fouet le beurre en noisettes. Servez le jus bien chaud dans une coupelle.

Cuisinez les choux le jour où vous les avez achetés :
ils ne supportent pas bien d'être gardés, même au réfrigérateur.

Embeurrée de chou nouveau aux cailles

PRÉPARATION : 15 MIN

CUISSON : ENVIRON 50 MIN

POUR 6 PERSONNES

> 2 choux nouveaux fermes et verts
> 6 cailles dodues vidées et bridées
> 6 oignons blancs frais de taille identique
> 2 cuill. à soupe d'huile d'arachide
> 1 cuill. à café de baies roses
> 1 bouquet garni
> 1/2 cuill. à café de graines de cumin
> 15 cl de bouillon de volaille maison (ou 1/4 de cuill. à café de bouillon de volaille déshydraté diluée dans 15 cl d'eau chaude)
> 50 g de beurre
> sel et poivre du moulin

Retirez les premières feuilles des choux. Fendez-les en six et ôtez les trognons en biais. Rincez les morceaux obtenus et égouttez-les dans une passoire. Pelez les oignons. Coupez la moitié des tiges vertes, que vous réserverez.

Chauffez l'huile dans une cocotte à feu moyen. Faites-y dorer de tous côtés les cailles environ 5 minutes. Salez, poivrez et ajoutez les baies roses écrasées entre les doigts.

Ôtez les cailles et gardez-les au chaud dans un plat de service creux sous une feuille d'aluminium. Faites revenir le chou, les oignons et le bouquet garni pendant 5 minutes dans la graisse de cuisson à feu moyen. Saupoudrez-les des graines de cumin.

Retirez la moitié du chou. Posez les cailles dorées sur le lit de chou avec le jus qu'elles ont rendu et recouvrez-les du chou restant. Versez le bouillon, portez à ébullition et réduisez le feu. Couvrez et laissez mijoter 40 minutes. Remuez deux ou trois fois en prenant soin de recouvrir les cailles de chou.

En fin de cuisson, ajoutez le beurre en morceaux. Ôtez le bouquet garni. Ciselez finement les tiges d'oignon réservées et ajoutez-les à l'embeurrée de chou. Mélangez.

Disposez les cailles dans un plat de service et entourez-les de chou. Servez aussitôt.

Pour accompagner ce plat, proposez à vos invités une moutarde violette de Brive au moût de raisin.

Pintade aux choux de Bruxelles et châtaignes

PRÉPARATION : 15 MIN

CUISSON : ENVIRON 1H15

POUR 6 PERSONNES

- > 1 pintade d'environ 1,8 kg vidée et bridée
- > 1 kg de choux de Bruxelles fermes et verts sans feuilles jaunies
- > 2 gros oignons
- > 2 cuill. à soupe d'huile d'arachide
- > 6 tranches fines de lard fumé
- > 1 bouquet garni
- > 30 g de beurre
- > 250 g de châtaignes cuites (sous vide ou en bocal)
- > gros sel et poivre du moulin

Coupez la base des choux de Bruxelles et retirez les 2 premières feuilles. Plongez-les 5 minutes dans de l'eau bouillante salée. Égouttez-les et plongez-les quelques instants dans une jatte d'eau froide. Égouttez-les une seconde fois.

Pelez et émincez les oignons. Chauffez 1 cuillerée d'huile dans une cocotte à feu moyen et mettez-y à dorer les tranches de lard en les retournant. Badigeonnez la pintade avec la cuillerée d'huile restante. Salez-la au gros sel et poivrez-la.

Retirez le lard de la cocotte et mettez la pintade à dorer pendant environ 10 minutes. Ajoutez les oignons. Mélangez le tout en grattant les sucs caramélisés. Remettez le lard dans la cocotte et enfouissez la pintade sous les choux de Bruxelles en la posant sur un flanc. Ajoutez le bouquet garni et versez 20 cl d'eau. Mettez aussi le beurre en morceaux et couvrez la cocotte.

Laissez mijoter environ 1 heure en retournant la pintade sur l'autre flanc à mi-cuisson. Vérifiez la cuisson en perçant une cuisse avec un couteau : le jus qui s'écoule ne doit pas être rosé. Ajoutez les châtaignes 10 minutes avant la fin de cuisson.

Découpez la pintade. Posez les morceaux dans un plat de service creux et chaud et disposez tout autour les légumes et les tranches de lard. Nappez du jus de cuisson et servez immédiatement.

TABLE DES ÉQUIVALENCES FRANCE-CANADA

POIDS

55 g	2 onces	200 g	7 onces	500 g	18 onces
100 g	3,5 onces	250 g	9 onces	750 g	27 onces
150 g	5 onces	300 g	11 onces	1 kg	36 onces

Ces équivalences permettent de calculer le poids, à quelques grammes près (en réalité, 1 once = 28 g).

CAPACITÉS

25 cl	9 onces	75 cl	26 onces
50 cl	17 onces	1 l	35 onces

Pour faciliter la mesure des capacités, 25 cl équivalent ici à 9 onces (en réalité, 23 cl = 8 onces = 1 tasse).

Direction éditoriale Véronique DE FINANCE-CORDONNIER
Édition Mathilde PITON
Direction artistique Emmanuel CHASPOUL
Mise en page Sylvie SÉNÉCHAL
Stylisme des photos Coco JOBARD avec la collaboration de Christiane MÈCHE
Lecture-correction Madeleine BIAUJEAUD
Couverture Véronique LAPORTE
Fabrication Annie BOTREL

Coco Jobard tient à remercier ses relations et amies qui lui ont confié leurs recettes de famille, Véra Olovianichnikoff, Cristina de Gabriac, Anne-Marie Salleo, Alex du Country Bar à la Campagne à Paris, Odile Riot, Henriette Chardak, Marie Carmen Zamudio, Abder de Marrakech.

Coco Jobard et Christiane Mèche remercient toutes les personnes qui les ont aidées à réaliser les ambiances : Francis Staub ; Jeanine Cros ; Henriette, Laetitia Dennilauler, Geneviève Berin ; Sophie Blervaque, Gersendre, Martine Collombier-Mautin ; Tom Geugnon ; La Compagnie française de l'Orient et de la Chine ; Little Hanoi ; Les Terres Noires de Colombie, Alter mundi ; Catherine Garnier ; Christine Labrune et Elcie ; Idaho ; Sentou ; Laurent Denize d'Estrées ; Taïr Mercier ; Soraya.

Les Éditions Larousse utilisent des papiers composés de fibres naturelles, renouvelables, recyclables et fabriquées à partir de bois issus de forêts qui adoptent un système d'aménagement durable. En outre, les Éditions Larousse attendent de leurs fournisseurs de papier qu'ils s'inscrivent dans une démarche de certification environnementale reconnue.

ISBN 978-2-03-584429-3

Photogravure AGC, Saint-Avertin
Imprimé en Espagne par Graficas Estella, Estelle
Dépôt légal : février 2009 – 302745/01 – 11008302 décembre 2008